Когато съм тъжна
When I Am Gloomy

Сам Саголски
Илюстрации: Дария Смислова

www.kidkiddos.com
Copyright ©2025 by KidKiddos Books Ltd.
support@kidkiddos.com

All rights reserved. No part of this book may be reproduced in any form or by any electronic or mechanical means, including information storage and retrieval systems, without written permission from the publisher, except in the case of a reviewer, who may quote brief passages embodied in critical articles or in a review.
First edition, 2025

Translated from English by Milena Bekyarova
Преведено от английски език от Милена Бекярова

Library and Archives Canada Cataloguing in Publication
When I Am Gloomy (Bulgarian English Bilingual edition)/Shelley Admont
ISBN: 978-1-0497-0716-7 paperback
ISBN: 978-1-0497-0717-4 hardcover
ISBN: 978-1-0497-0718-1 eBook

Please note that the Bulgarian and English versions of the story have been written to be as close as possible. However, in some cases they differ in order to accommodate nuances and fluidity of each language.

Едно облачно утро се събудих и ми беше тъжно.

One cloudy morning, I woke up feeling gloomy.

Станах от леглото, завих се с любимото си одеяло и влязох в хола.

I got out of bed, wrapped myself in my favorite blanket, and walked into the living room.

„Мамо!", извиках. „В лошо настроение съм."
"Mommy!" I called. "I'm in a bad mood."

Мама вдигна поглед от книгата си. „Лошо? Защо говориш така, миличка?", попита тя.
Mom looked up from her book. "Bad? Why do you say that, darling?" she asked.

„Виж ми лицето!", казах, сочейки към свъсените си вежди. Мама се усмихна нежно.
"Look at my face!" I said, pointing to my furrowed brows. Mom smiled gently.

„Нямам щастливо изражение на лицето днес", измърморих. „Обичаш ли ме, когато съм тъжна?"
"I don't have a happy face today," I mumbled. "Do you still love me when I'm gloomy?"

„Разбира се, че те обичам", каза мама. „Когато си тъжна, искам да съм близо до теб, да ти дам една голяма прегръдка и да те развеселя."

"Of course I do," Mom said. "When you're gloomy, I want to be close to you, give you a big hug, and cheer you up."

Това ме накара да се почувствам малко по-добре, но само за секунда, защото след това започнах да мисля за всичките ми други настроения.

That made me feel a little better, but only for a second, because then I started thinking about all my other moods.

„И така... обичаш ли ме, когато съм ядосана?"
"So... do you still love me when I'm angry?"

Мама се усмихна отново. „Разбира се, че те обичам!"
Mom smiled again. "Of course I do!"

„Сигурна ли си?", попитах със скръстени ръце.
"Are you sure?" I asked, crossing my arms.

„Дори когато си ядосана, аз съм твоя майка. И те обичам винаги еднакво."

"Even when you're mad, I'm still your mom. And I love you just the same."

Поех си дълбоко дъх. „А когато съм срамежлива?", прошепнах.

I took a big breath. "What about when I'm shy?" I whispered.

„Обичам те и когато си срамежлива", каза тя. „Помниш ли, когато се скри зад мен и не искаше да говориш с новия съсед?"

"I love you when you're shy too," she said. "Remember when you hid behind me and didn't want to talk to the new neighbor?"

Кимнах. Помнех го добре.

I nodded. I remembered it well.

„И след това ти му каза "Здравей!' и се сприятелихте. Бях много горда с теб."

"And then you said hello and made a new friend. I was so proud of you."

„А обичаш ли ме, когато задавам твърде много въпроси?", продължих аз.

"Do you still love me when I ask too many questions?" I continued.

„Когато задаваш много въпроси, както в момента, имам възможността да те наблюдавам как научаваш нови неща, които те правят по-умна и по-силна всеки ден.", отговори мама. „И да, обичам те."

"When you ask a lot of questions, like now, I get to watch you learn new things that make you smarter and stronger every day," Mom answered. "And yes, I still love you."

„А ако изобщо не ми се говори?", продължих да питам.
"What if I don't feel like talking at all?" I continued asking.

„Ела тук", каза тя. Качих се в скута ѝ и сложих глава на рамото ѝ.
"Come here," she said. I climbed into her lap and rested my head on her shoulder.

„Когато не ти се говори и просто искаш да бъдеш тиха, започни да използваш въображението си. Обичам да гледам как твориш", отговори мама.

"When you don't feel like talking and just want to be quiet, you start using your imagination. I love seeing what you create," Mom answered.

След това прошепна в ухото ми, „Обичам те и когато си тиха."

Then she whispered in my ear, "I love you when you're quiet too."

„А обичаш ли ме, когато се страхувам?", попитах аз.
"But do you still love me when I'm afraid?" I asked.

„Винаги," каза мама. „Когато се страхуваш, аз ти помагам да се увериш, че няма чудовища под леглото или в гардероба."
"Always," said Mom. "When you're scared, I help you check that there are no monsters under the bed or in the closet."

Тя ме целуна по челото. „Ти си толкова смела, мила моя."

She kissed me on the forehead. "You are so brave, my sweetheart."

„А когато си уморена", добави тя нежно, „Тогава те завивам с одеялото, донасям ти мечето, и ти пея нашата специална песен."

"And when you're tired," she added softly, "I cover you with your blanket, bring you your teddy bear, and sing you our special song."

„А ако имам твърде много енергия?", попитах и скочих на крака.

"What if I have too much energy?" I asked, jumping to my feet.

Тя се засмя. „Когато си пълна с енергия, караме колело, скачаме на въже или тичаме навън заедно. Обичам да правя всички тези неща с теб!"

She laughed. "When you're full of energy, we go biking, skip rope, or run around outside together. I love doing all those things with you!"

„А обичаш ли ме, когато не искам да ям броколи?", *изплезих се аз.*

"But do you love me when I don't want to eat broccoli?" I stuck out my tongue.

Мама се засмя. „Като онзи път, когато даде част от броколите на Макс? Той много ги хареса."

Mom chuckled. "Like that time you slipped your broccoli to Max? He liked it a lot."

„Видяла си това?", попитах аз.
"You saw that?" I asked.

„Разбира се, че да. И все още те обичам, дори и в такива моменти."
"Of course I did. And I still love you, even then."

Помислих си за момент, след това зададох един последен въпрос:

I thought for a moment, then asked one last question:

„Мамо, ако ме обичаш, когато съм тъжна или ядосана, ... дали ме обичаш, когато съм щастлива?"

"Mommy, if you love me when I'm gloomy or mad... do you still love me when I'm happy?"

„О, скъпа", каза тя, прегръщайки ме отново, „когато си щастлива, и аз съм щастлива."

"Oh, sweetheart," she said, hugging me again, "when you're happy, I'm happy too."

Тя ме целуна по челото и допълни, „Обичам те, когато си щастлива, както и когато си тъжна, ядосана, срамежлива или уморена."

She kissed me on the forehead and added, "I love you when you're happy just as much as I love you when you're sad, or mad, or shy, or tired."

Сгуших се близо до нея и се усмихнах. „Значи... ти ме обичаш винаги?", попитах аз.

I snuggled close and smiled. "So... you love me all the time?" I asked.

„Винаги," каза тя. „Обичам те винаги и във всяко настроение, всеки ден."

"All the time," she said. "Every mood, every day, I love you always."

Докато тя говореше, започнах да усещам нещо топло в сърцето си.

As she spoke, I started feeling something warm in my heart.

Погледнах навън и видях как облаците се разсейват. Небето стана синьо и слънцето се появи.

I looked outside and saw the clouds floating away. The sky was turning blue, and the sun came out.

По всичко личеше, че денят все пак щеше да се окаже наистина прекрасен.

It looked like it was going to be a beautiful day after all.

www.ingramcontent.com/pod-product-compliance
Lightning Source LLC
LaVergne TN
LVHW072106060526
838200LV00061B/4812